RESTAURANDO A FAMÍLIA

© 2008 por Hernandes Dias Lopes

1ª edição: julho de 2017
3ª reimpressão: janeiro de 2024

Revisão
Josemar de Souza Pinto
Letras Reformadas

Diagramação
Letras Reformadas

Capa
Maquinaria Studio

Editor
Aldo Menezes

Coordenador de produção
Mauro Terrengui

Impressão e acabamento
Imprensa da Fé

As opiniões, as interpretações e os conceitos emitidos nesta obra são de responsabilidade do autor e não refletem necessariamente o ponto de vista da Hagnos.

Todos os direitos desta edição reservados à
Editora Hagnos Ltda.
Rua Geraldo Flausino Gomes, 42, conj. 41
CEP 04575-060 São Paulo, SP
Tel.: (11) 5990-3308

E-mail: hagnos@hagnos.com.br
Home page: www.hagnos.com.br

Editora associada à

Dados Internacionais de Catalogação na Publicação (CIP)
Angélica Ilacqua CRB-8/7057

Lopes, Hernandes Dias

Restaurando a família: o exemplo de Jó aplicado aos nossos dias / Hernandes Dias Lopes. — Ed. revisada e ampliada. — São Paulo: Hagnos 2017.

ISBN 978-85-243-0527-6

Bibliografia

1. Esperança
2. Fé
3. Coragem
4. Jesus Cristo
I. Título

16-1394   CDD 248.485

Índices para catálogo sistemático:
1. Fé : 248:485

DEDICATÓRIA

Dedico este livro ao meu querido pai, Francisco Dias Lopes, fiel servo de Jesus Cristo, pregador do evangelho, presbítero zeloso, a quem o Senhor chamou à sua eterna glória nos idos de 1982. Ele sempre foi um grande amigo, incentivador e companheiro. A ele tributo minha gratidão e a Deus rendo todo o meu louvor!

SUMÁRIO

Prefácio 7
Introdução 11

1. Os torpedos de Satanás contra a família 21
2. A restauração de Deus para a família 41

Conclusão 77

PREFÁCIO

A visão de Hernandes Dias Lopes para assuntos importantes da vida cristã tem sido para a igreja algo de extrema relevância, principalmente nos conselhos, nos incentivos, nas advertências, na liderança, no companheirismo, bem como na sua própria vida.

Como pregador da palavra de Deus, ele é impulsionado por uma ardente paixão pelas almas perdidas. Sua apresentação poderosa, clara e concisa da palavra de Deus é uma habilidade que lhe foi conferida pelo Senhor e comprovada por aqueles que o ouvem.

No pastorado, o grandioso ministério da igreja, proclama aos quatro cantos de nossa nação, e até fora dela, que aprendeu o segredo de uma missão bem-sucedida. Como pastor, ele exemplifica a paixão pelas almas humanas.

Como autor, os seus livros têm sido usados pelo Espírito Santo para marcar com brasas vivas o nosso coração, para uma vida mais digna de Deus. Sua pena nada perde em entusiasmo, poder e desafio ardente.

Como homem, sua total consagração e devoção à causa de nosso Senhor Jesus Cristo e ao avanço do seu reino têm conferido novas esperanças, coragem e inspiração a todos quantos com ele convivem. Sua piedosa vida de oração e sua vida pessoal cheia do Espírito Santo, coerente com aquilo que ele prega e escreve, têm sido uma bênção para milhares de pessoas.

Agora, Hernandes oferece ao público grande oportunidade para prosseguirmos no novo milênio recuperando novas fronteiras perdidas ao longo dos anos. Com certeza, a família, a primeira instituição divina, é a que mais tem sido bombardeada por Satanás, pois nela reside a base das demais instituições e também a melhor estrutura terrena, estabilizadora do ser humano.

O personagem a que o autor recorreu é sem dúvida aquele que viveu todas as circunstâncias que desestruturam a família. Jó é o grande exemplo de vitória, pela confiança, fé, dinamismo, perseverança, esperança e domínio próprio. Nada o separou do amor de Deus: nem perdas, nem enfermidade, nem amigos, nem esposa, nem circunstâncias. Ele soube com submissão e coragem vencer os obstáculos que encarou.

Os tópicos avaliados — bens (finanças), filhos, saúde, casamento e amizades — refletem as grandes dificuldades enfrentadas pelas famílias em todos os tempos. Sobretudo nestes dias de pós-modernidade, tais fatores têm sido as causas da derrocada de muitas famílias.

Hernandes, com toda a sabedoria que Deus lhe deu, encontra com firmeza a saída para a situação em que se encontra a família. Ele interpreta, à luz da palavra de Deus, aquilo que Deus sempre quis que soubéssemos para termos uma vida vitoriosa.

Recomendo a leitura deste livro a todos, principalmente aos homens, que têm a responsabilidade da liderança familiar ordenada por Deus. Ao ser relançada ao público esta obra, nossa oração sincera é que outros, de igual modo, possam ser inspirados por essa responsabilidade, visão e paixão contagiante.

HAROLDO PEYNEAU
Presbítero e Secretário Geral do Trabalho Masculino da Igreja Presbiteriana do Brasil

INTRODUÇÃO

Há um esforço concentrado do inferno para desestabilizar e destruir a família. Há uma clara conspiração de forças hostis que se mancomunam para desacreditar essa antiga instituição divina. Há um bombardeio cerrado, com arsenal pesado, em cima da família. Torpedos mortíferos estão sendo despejados sobre ela e armas de grosso calibre estão sendo usadas contra ela, provocando terríveis desastres. A família está em crise. É a crise do marido, da esposa, dos pais, dos filhos, dos irmãos. A crise da família é maior do que a crise política e econômica e maior do que a crise nacional.

A família está entrincheirada e cercada por inimigos que buscam com toda a fúria minar os seus fundamentos. A instituição do casamento é questionada e até ridicularizada. A fidelidade conjugal está fora de moda. Do palácio à choupana, o casamento heterossexual, monogâmico e monossomático tem sido atacado desde seus fundamentos. A santidade do namoro torna-se cada vez mais rara. Casar-se virgem é visto como algo vergonhoso nesta geração rendida ao pecado. A homossexualidade é cada vez mais incentivada e aplaudida como uma opção absolutamente lícita e salutar.

Ao mesmo tempo que a sociedade aplaude essa escolha, esconde seus dramas. Os valores absolutos da palavra de Deus estão sendo tripudiados e pisados com escárnio na mídia, na imprensa, na música, na literatura, nos púlpitos. Há uma assustadora inversão de valores predominando na sociedade pós-moderna. A pluralização, a privatização e a secularização imperam. Dizem os pós-modernos: o mundo é plural, a ética é privativa e a sociedade está secularizada.

Neste mundo de ponta-cabeça, escarnece-se da virtude e aplaude-se o vício. A anarquia moral está sendo estabelecida sob o aplauso ruidoso e efusivo de uns e a omissão covarde de outros. Assistimos à sodomização da nossa cultura. Os valores estão invertidos. O certo tornou-se errado, e o errado, o certo. A luz tornou-se trevas, e as trevas, luz. O amargo tornou-se doce, e o doce, amargo.

A família está perdendo o referencial da decência e capitulando-se à pressão avassaladora da mídia, que agita os estandartes de uma ética relativa e situacional. A corrupção, como câncer maligno, está destruindo as nossas instituições. Os escândalos se multiplicam no universo político e empresarial. Gigantes da vida financeira da nação estão atrás das grades. Políticos de proa estão encarcerados. Os cofres públicos foram saqueados impiedosamente. A ganância insaciável cegou os olhos daqueles que já viviam na abastança para tirarem o pedaço de pão da boca dos famintos. A prostituição dos valores solapa a dignidade do nosso povo. A promiscuidade moral joga nossa geração num fosso profundo e repugnante. Nossa sociedade está confusa, perdida, sem balizas, entregue ao relativismo ético e ao prazer imediato.

Testemunhamos, estarrecidos, o naufrágio de muitas famílias. Casamentos outrora fincados no solo firme da confiança mútua estão afrouxando as suas estacas. Casais que viveram juntos sob os auspícios de um amor comprometido e fiel começam a arvorar suas bandeiras para o lado da infidelidade. Cônjuges que outrora defendiam a indissolubilidade do matrimônio zombam agora dos votos conjugais e aviltam a aliança que um dia firmaram na presença de Deus. Até casais que outrora ensinavam com vívido entusiasmo os princípios de Deus para um casamento feliz voltam-se agora contra esses mesmos princípios, transgredindo-os, numa tentativa insana de justificar seus deslizes morais. Estamos chocados e perplexos com o naufrágio de tantos casamentos que a sociedade considerava paradigmas da felicidade conjugal. Estamos aturdidos com o alto índice de líderes esmagados debaixo dessa avalanche, arrastados pela fúria de enxurradas pestilentas.

Os mourões estão caindo. As cercas estão arrebentadas. A família está com seus muros derrubados e suas portas queimadas a fogo. O adultério está em voga, já não causa mais espanto nem repulsa. Estamos perdendo a sensibilidade. As telenovelas, a título de retratar a realidade, induzem o desbarrancamento da virtude. O divórcio cresce assustadoramente. Muitos filhos têm sido agredidos emocionalmente. Outros vivem como órfãos de pais vivos. As drogas arrastam nossos jovens para um pântano infernal. O narcotráfico desafia a lei e impõe seu regime de medo nos guetos urbanos. O aborto criminoso está sendo praticado descaradamente. O ventre materno, o mais sagrado vestíbulo da vida, transforma-se no patíbulo da mais execranda tortura e execução. Filhos que ainda não nasceram são esquartejados e arrancados do ventre materno como uma verruga pestilenta. As mesmas autoridades que inibem os pais de disciplinar adequadamente seus filhos apoiam o aborto. Nossa nação está manchada de sangue. A prática do sexo antes do casamento é cada vez mais incentivada. A família, na verdade, está moralmente doente, espiritualmente frágil, acuada por forças diabólicas.

O livro de Jó nos mostra Satanás atacando cinco áreas vitais na família:

1. Finanças
2. Filhos
3. Saúde
4. Casamento
5. Amizades

Satanás é perverso, maligno e destruidor. Ele é mentiroso, ladrão e assassino. Veio para roubar, matar e destruir. Sendo maligno, usa todas as suas armas e estratégias para atingir a família. Ele torpedeou a família de Jó. Satanás não é onipresente, mas está rodeando a terra. Ele não está fazendo turismo nem se alegrando ao ver a multifária beleza da criação, mas busca uma brecha na vida dos filhos de Deus para atingi-los com seus dardos inflamados. Ele anda ao nosso derredor como leão que ruge (1Pedro 5:8). O leão ruge para espantar a presa e assim capturá-la com mais facilidade. Ele é um inimigo cruel.

Deus proclama as virtudes de Jó enquanto Satanás as questiona. O Senhor diz que não há ninguém na terra semelhante a Jó, mas o diabo ataca essa verdade, dizendo que Jó só serve a Deus por interesse. O Altíssimo declara que Jó é íntegro, mas Lúcifer acusa-o de amar mais as riquezas, a família e a si mesmo do que a Deus.

Ao atacar Jó, Satanás acusa Deus. Satanás acusa Deus de subornar Jó com bênçãos para receber dele adoração. Satanás diz que ninguém adora a Deus por quem ele é, apenas por aquilo que Deus dá. Se Deus, entretanto, tirar o que ele deu, a mesma pessoa que hoje adora vai amanhã blasfemar contra Deus.

O Senhor, então, constitui Jó como seu advogado na terra. Coloca sua reputação nas mãos de Jó. Deus permite que Satanás aflija Jó e sua família para ensinar, a todas as gerações, que é possível a uma pessoa amar mais a Deus do que ao dinheiro, à família e a si mesmo. As provações de Jó são para nos ensinar que não há situação tão caótica na qual Deus não possa intervir e restaurar.

À guisa de introdução, é bom esclarecer três pontos importantíssimos:

1. O JUSTO ESTÁ SUJEITO AOS MESMOS SOFRIMENTOS QUE O ÍMPIO

Jó era homem íntegro e reto, temente a Deus e que se desviava do mal, entretanto não foi poupado da aflição. O cristão está exposto aos mesmos problemas que atinge todas as outras pessoas. O cristianismo não é uma apólice de seguro contra as intempéries da vida. Não vivemos numa bolha, numa estufa espiritual. A vida cristã não é um parque de diversões nem uma colônia de férias.

Jesus disse que a diferença entre o ímpio e o crente não são as circunstâncias que os cercam, mas o fundamento sobre o qual cada um edifica a sua vida. O crente constrói sua casa sobre a rocha; o ímpio a edifica sobre a areia. Na tempestade uma fica em pé, e a outra entra em colapso. A casa edificada sobre a rocha sobrevive à tempestade; a casa edificada sobre a areia desaba. A um observador desatento, as casas são semelhantes. Contudo, sobre ambas as casas cai a mesma chuva no telhado, sopram os mesmos ventos contra a parede e batem os mesmos rios no alicerce. O crente está sujeito a doença, acidente, pobreza e desemprego da mesma forma que um não crente.

Equivocam-se os que trombeteiam um cristianismo sem cruz, sem sofrimento e sem as agruras da vida presente. Estão absolutamente enganados os que dizem que o crente precisa necessariamente ser rico. Estão completamente destituídos de verdade aqueles que insinuam ou mesmo ensinam que o crente não pode ficar doente. Esse não é o ensino das Escrituras. O livro de Jó desbanca esse falso ensino.

2. NA JORNADA DA VIDA, ENFRENTAMOS MUITAS TENSÕES DIFÍCEIS DE EXPLICAR

O livro de Jó nos coloca cara a cara com três tensões que, muitas vezes, nos deixam engasgados e sem resposta.

1. *Como conciliar vida irrepreensível com o sofrimento atroz?* Os amigos de Jó pensaram que o sofrimento sempre era provocado por uma falha moral. A teologia deles só podia interpretar o sofrimento de Jó com base em graves pecados por ele cometidos.
2. *Como conciliar oração intensa e perseverante com o absoluto silêncio de Deus?* Jó ergueu sua voz ao céu e, como resposta, só escutou o silêncio de Deus.

3. *Como conciliar o amor de Deus com a sua permissão para que Satanás nos aflija?* As provas da vida não são uma antítese do amor de Deus. O amor de Deus não nos coloca numa redoma de vidro, numa estufa espiritual. Não vivemos numa colônia de férias nem num parque de diversões. Ainda não chegamos ao céu. A jornada aqui é articulada num caminho estreito, numa estrada juncada de espinhos, ladeada por inimigos tenebrosos.

3. OS PROBLEMAS QUE NOS AFLIGEM EM GERAL NÃO CHEGAM SOZINHOS

As nuvens pardacentas que se formaram sobre a cabeça de Jó produziram uma tempestade avassaladora. Um temporal devastador, como um verdadeiro dilúvio, desabou sobre a vida dele. Jó ficou atordoado. Em turbilhão, os problemas o arrastaram, o jogaram ao chão e passaram sobre ele como uma torrente. Ele foi esmagado sob o rolo compressor das crises. As circunstâncias tornaram-se cada vez mais angustiantes para Jó. Toda notícia que chegava aos seus ouvidos era como uma punhalada em seu peito. As tragédias se somaram e se multiplicaram em sua vida. A falência financeira, o luto pelos filhos, a saúde destruída, a crise no casamento e a impiedosa acusação dos amigos, como um vendaval, conspiraram contra a estabilidade desse gigante de Deus. Muitas vezes, também, nos defrontamos com problemas que se agravam e se agigantam a tal ponto que perdemos o equilíbrio. Jó chegou a se desesperar da própria vida. Desejou a morte. Chegou à beira da loucura. Seu sofrimento foi avassalador.

1

OS TORPEDOS DE SATANÁS CONTRA A FAMÍLIA

Satanás é um estrategista. Ele é especialista em inventar formas e meios para afligir os filhos de Deus. Ele vive rodeando a terra. Não descansa nem dorme. Não tira férias nem perde oportunidades de atentar contra aqueles que amam a Deus. No caso de Jó, com a permissão de Deus, Satanás investiu sobre um justo, atacando cinco áreas vitais de sua vida.

1. OS BENS DE JÓ

Possuía sete mil ovelhas, três mil camelos, quinhentas juntas de bois e quinhentas jumentas; era também mui numeroso o pessoal ao seu serviço, de maneira que este homem era o maior de todos os do Oriente. [...] Sucedeu um dia [...] que veio um mensageiro a Jó e lhe disse: Os bois lavravam, e as jumentas pasciam junto a eles; de repente, deram sobre eles os sabeus, e os levaram, e mataram aos servos a fio de espada; só eu escapei, para trazer-te a nova. Falava este ainda quando veio outro e disse: Fogo de Deus caiu do céu, e queimou as ovelhas e os servos, e os consumiu; só eu escapei, para trazer-te a nova. Falava este ainda quando veio outro e disse: Dividiram-se os caldeus em três bandos, deram sobre os camelos, os levaram e mataram aos servos a fio de espada; só eu escapei, para trazer-te a nova (Jó 1:3; 13-17).

A desgraça desabou sobre a vida de Jó de forma súbita e total. Ele era o homem mais rico do Oriente, o íntegro juiz de Uz, o reverenciado conselheiro de todos, o amparador dos pobres, o protetor dos fracos, o provedor das viúvas, os olhos do cego, as pernas do aleijado, o maior homem da terra segundo a avaliação do céu.

Jó possuía uma imensa fortuna (1:3). Ele não era apenas o homem mais piedoso de sua geração, mas, também, o mais rico. Ele era um megaempresário, um bem-sucedido homem de negócios. A maior propriedade do Oriente era dele. O maior rebanho pertencia a ele. Tudo o que ele punha as mãos dava dinheiro. Até as pedras jorravam azeite para ele. Ele tinha muitos servos sob suas ordens.

De repente, bandos de vândalos sabeus e caldeus atacaram seus rebanhos e mataram seus servos. Ao mesmo tempo, fogo caiu do céu e queimou o restante do seu rebanho (1:13-17). Jó ficou pobre, falido, arruinado financeiramente. Toda a sua fortuna evaporou-se de uma hora para outra. Sua estabilidade financeira acabou. Tudo o que ele construíra ao longo de vários anos foi destruído como que num passo de mágica. O maior fazendeiro do Oriente estava liquidado financeiramente. Jó estava na lona, na bancarrota, sem crédito na praça. O colapso financeiro o atingiu frontalmente.

A crise financeira tem abalado muitas famílias. Muitos casamentos se desfazem por causa do litígio provocado pelo dinheiro. Talvez a crise financeira tenha atingido a sua vida também. Sua empresa não reage. Seus investimentos não dão certo. Seus negócios estão com as pernas trôpegas. Sua empresa está caindo. Seu produto não está sendo bem aceito na praça. Sua estabilidade no emprego está ameaçada. Quem sabe você saiu da faculdade, mas não consegue emprego. Você é pai de família, mas foi mandado embora do trabalho, num tempo de crise e recessão. Quem sabe até mesmo um revés, um acidente, um assalto, um incêndio o atingiu, deixando um rastro de terríveis prejuízos financeiros, arruinando completamente suas esperanças.

Enquanto você está lendo estas páginas, o seu coração pode estar ansioso por causa da duplicata que vai vencer amanhã, atribulado por causa do aluguel e da escola dos filhos que estão atrasados e com o plano de saúde que você não consegue mais renovar. Cada vez mais aumenta o conflito na família por causa do dinheiro. Se ele está sobrando, as pessoas brigam por causa da ganância. Se ele está faltando, as pessoas brigam por causa da escassez. Na verdade, o problema financeiro é hoje um dos maiores fatores de crise no casamento e na família. Muitos divórcios são consequência da crise financeira.

2. OS FILHOS DE JÓ

Jó teve sete filhos e três filhas. [...] Seus filhos visitavam uns aos outros, e cada vez um deles fazia um banquete e mandava convidar suas três irmãs para comerem e beberem com eles. Passado o período dos banquetes, Jó os chamava para os santificar. Levantava-se de madrugada e oferecia sacrifícios de acordo com o número de todos eles; pois Jó pensava: Talvez meus filhos tenham pecado e blasfemado contra Deus no coração. E era assim que Jó sempre procedia. [...] Enquanto ele ainda falava, veio outro e disse: Teus filhos e tuas filhas estavam comendo e bebendo vinho na casa do irmão mais velho; veio um forte vento do deserto, atingiu os quatro cantos da casa, que caiu sobre os jovens, e eles morreram. Só eu escapei para trazer-te essa notícia (Jó 1:2, 4,5,18,19).

O livro de Jó deixa claro que ele exercia com muito zelo o sacrossanto ministério da paternidade. Em primeiro lugar, ele ensinou seus filhos a serem amigos (1:4). Eram sete irmãos e três irmãs que viviam em plena harmonia. A amizade deles é uma prova incontestável da paternidade responsável de Jó. Os filhos não são naturalmente unidos, especialmente quando se tem muito dinheiro. O dinheiro não tem liga nem amálgama. O dinheiro divide. A harmonia entre os filhos de Jó era o resultado do investimento de Jó em seus filhos. Em segundo lugar, Jó zelava pela vida espiritual dos filhos (1:5). Ele oferecia sacrifícios a Deus em favor dos filhos e estava atento à vida espiritual deles. A maior riqueza que Jó possuía não eram os rebanhos, mas os filhos. Sempre tinha tempo para os filhos e sempre estava na presença de Deus, lutando pelos filhos. Sua maior preocupação era que eles fossem santos. O justo Jó se preocupava mais com a piedade dos filhos do que com a reputação deles. Em terceiro lugar, Jó orava por seus filhos de madrugada, continuamente (1:5). A vida de Jó era muito agitada. Sua agenda estava sempre congestionada com muitos compromissos. Entretanto, ele não se descuidava de orar diariamente pelos filhos de madrugada. Priorizava Deus e os filhos, buscando o Senhor de madrugada em favor deles.

Muitos homens trabalham com grande determinação para acumular riquezas, e até conseguem, mas não lutam com a mesma garra pela salvação dos filhos. Ganham fortunas e perdem os filhos. Tornam-se poderosos e arrebentam com os filhos. Chegam ao topo da fama e largam os filhos no vale do fracasso. Dois casos merecem destaque:

1. Davi foi um rei extraordinário, um grande vencedor, mas perdeu os filhos. Tornou seu

nome notório. Acumulou riquezas e glórias, mas sofreu amargas derrotas dentro de casa. Foi um gigante fora dos portões, mas um nanico dentro deles. Houve estupro, assassinato, conspiração e derramamento de sangue na casa de Davi. Faltou-lhe pulso para corrigir os filhos. Faltou disposição para acompanhar os filhos. Não que Davi não amasse os filhos. Ele os amava e muito, mas negligenciou sua responsabilidade de pai e colheu, por isso, amargos resultados.

2. O sacerdote Eli julgou Israel durante quarenta anos e perdeu seus filhos dentro da Casa de Deus. Hofni e Fineias, filhos de Eli, cresceram dentro da Casa de Deus, mas não conheciam nem temiam a Deus. Eram homens devassos, adúlteros e filhos de Belial. Eli amava mais a seus filhos do que a Deus. Em vez de confrontar os pecados dos filhos, tornou-se conivente com eles. A nação sofreu as amargas consequências da má liderança dos filhos de Eli. Eles foram mortos no campo de batalha. A arca da aliança, símbolo da presença de Deus, foi roubada pelos inimigos. Eli, ao receber essas trágicas notícias, caiu da cadeira e quebrou o pescoço, e sua nora, que estava grávida, deu à luz um filho, a quem chamou Icabode (Foi-se a glória de Israel).

Oh, quão trágico é a glória de Deus apartar-se de uma família, de uma igreja, de uma nação! Fica o alerta: Nenhum sucesso compensa o fracasso da família. Nenhum sucesso compensa a perda dos filhos.

Satanás, com requintes de crueldade, atacou os filhos de Jó num dia de celebração. De repente, depois de saber que estava falido financeiramente, Jó foi golpeado pela mais dura notícia: seus dez filhos haviam sido mortos, soterrados, vítimas de um terremoto (1:18,19). Esse golpe rasgou o coração de Jó. Ele rasgou o seu manto, raspou a cabeça, cobriu-a de pó, prostrou-se e adorou a Deus, dizendo: *O Senhor o deu e o Senhor o tomou; bendito seja o nome do Senhor* (1:21), mostrando que a sua glória havia apagado. Ele caiu no chão em prantos. Um vazio tremendo foi aberto em seu peito. Sua alma estava coberta de cinzas. Era a dor do luto. Ah! Como foi longa aquela marcha até o cemitério! Cada passada rumo à sepultura dos filhos era como se uma espada atravessasse o seu peito. Quando desceu o décimo caixão à cova, Jó certamente sentiu um vazio imenso em sua alma. Foi a dor de sepultar os seus dez filhos de uma só vez. Não é natural os pais enterrarem os filhos. A solidão o consumia. A lembrança dos filhos ao seu redor o destruía. As lágrimas não cessavam de rolar pelo seu rosto sulcado de dor. Para Jó, parecia não haver mais futuro, só passado.

Quantos lares choram hoje por causa dos filhos! Satanás tem atentado com fúria pertinaz contra os filhos. Muitos pais estão com o coração empapuçado de dor por ver seus filhos feridos pelos golpes de Satanás. Muitos pais choram pelo luto dos filhos que foram arrancados de seus braços pelas mãos álgidas da morte.

Talvez você, leitor, esteja chorando diante de Deus pelos seus filhos, nas madrugadas insones, porque eles foram criados na igreja, mas voltaram as costas ao Senhor e se embrenharam neste mundo tenebroso. Talvez o seu drama seja ver seus filhos acorrentados pelo vício das drogas ou entregues à devassidão moral. Quem sabe seus recursos já se esgotaram e você não sabe mais o que fazer com os filhos, que se recusam a ouvir conselhos e caminham a passos largos para um abismo de morte.

Muitos pais se desesperam ao ver que os filhos criados com tanto amor se tornaram jovens rebeldes, ingratos, irreverentes, mais amigos dos prazeres do que amigos de Deus. Talvez a sua angústia seja saber que o diabo mantém no cativeiro seus filhos e que eles estão sendo apenas joguetes nas mãos do adversário. Certamente, há uma orquestração do inferno para destruir a nossa juventude. A mídia está cada vez mais corrompida. A apelação do sexo ilícito ultrapassou os limites da decência e do pudor. O relativismo moral e o desbarrancamento da virtude estão presentes desde os mais altos comandos da nação até o mais humilde casebre.

3. A SAÚDE DE JÓ

Então, Satanás respondeu ao SENHOR: Pele por pele, e tudo quanto o homem tem dará pela sua vida. Estende, porém, a mão, toca-lhe nos ossos e na carne e verás se não blasfema contra ti na tua face. Disse o SENHOR a Satanás: Eis que ele está em teu poder; mas poupa-lhe a vida. Então, saiu Satanás da presença do SENHOR e feriu a Jó de tumores malignos, desde a planta do pé até ao alto da cabeça (Jó 2:4-7).

Satanás apostou que Jó amava mais a sua própria pele do que a Deus. Imaginou que Jó fosse tão egoísta quanto ele. Na avaliação de Satanás, ninguém ama mais a Deus do que a si mesmo. Deus, então, permitiu-lhe tocar no corpo de Jó.

O diabo, reunindo toda a sua malignidade, planejou uma doença devastadora para afligir Jó. Satanás feriu-o da cabeça aos pés. Seu corpo ficou todo chagado. As feridas se espalharam, necrosando a pele e deixando um rastro de destruição no corpo encarquilhado. Jó tornou-se uma carcaça humana e uma chaga aberta. A aparência de Jó desfigurou-se. A pele enegrecida apodreceu, e das feridas escorriam pus. Não havia remédio que aliviasse a dor torturante que Jó sentia. Não havia remédio que revertesse aquela doença maligna. Não havia hospital onde Jó pudesse buscar alívio para o seu sofrimento. Ele também não podia ficar em casa. Foi parar, então, no escoadouro de lixo da cidade. Ali foi largado como um entulho abjeto, como um trapo humano. Lágrimas escorriam pela sua face marcada pela dor. Seu corpo tornou-se esquálido, caquético, macérrimo, de couro furado pelas costelas em ponta. Sua dor não cessava. Longas noites lançaram sobre ele a escuridão de uma agonia atroz. Jó não conseguia dormir. Os vermes caminhavam pelo seu corpo chagado. Ele, no seu desespero agonizante, mordia a própria pele necrosada para abrir as bolhas cheias de pus. Sua carne apodrecia e cheirava mal. Seu hálito tornou-se insuportável. Seus olhos estavam inchados de insônia e vermelhos de tanto chorar. Jó tornou-se um espectro humano, um aborto vivo. As pessoas passavam por ele e meneavam a cabeça cheias de repugnância. Ele, encolhido, enrugado, descreveu-se como um boneco de pano que fora agarrado pelo pescoço e mordido até se despedaçar. Sentia-se como um alvo crivado de setas. As pessoas cuspiam nele e o amaldiçoavam.

A dor de Jó foi tão grande que ele desejou ter morrido no ventre da sua mãe: *Por que não morri eu na madre?* (3:11a). No auge do desespero, ele desejou que Deus tivesse tirado a sua vida antes que ele tivesse nascido: *Por que, pois, me tiraste da madre? Ah! Se eu morresse, antes que olhos nenhuns me vissem!* (10:18). Ele abriu o seu peito e declarou que preferiria ter morrido ao nascer: *Por que não expirei ao sair dela* [da madre]*?* (3:11b). Desejou que os seios da sua mãe tivessem murchos de leite, para que ele morresse logo depois de nascer: *Por que houve regaço que me acolhesse? E por que os peitos, para que eu mamasse?* (3:12). Chegou até mesmo a desejar a morte, mas a morte fugiu dele:

> *Por que se concede luz ao miserável e vida aos amargurados de ânimo, que esperam a morte, e ela não vem? Eles cavam em procura dela mais do que tesouros ocultos. Eles se regozijariam por um túmulo e exultariam se achassem a sepultura?* (3:20-22).

Talvez seja esta a sua angústia, caro leitor. A doença também bateu à sua porta. A enfermidade crônica se recusa a ceder. É o drama do diagnóstico sombrio. É o medo da cirurgia grave. É a ansiedade de saber que a medicina já desistiu do seu caso.

Talvez você esteja passando noites mal dormidas, madrugadas insones, assolado pela dor, agredido pela doença que mina as suas forças, rouba o seu vigor e conspira contra os seus sonhos. Você olha para a frente e vê seus projetos destruídos. Nuvens pardacentas toldam seu horizonte. Um nevoeiro denso embaça sua visão. O chão parece fugir debaixo dos seus pés. Um buraco abre-se em seu peito e um vazio profundo, em sua alma. Seus olhos entregam-se às lágrimas. Seu coração geme. Há um rastro de dor na estrada da sua vida.

Talvez a sua angústia consiste em ver um ente querido sofrendo sobre uma cama. Aqueles a quem você ama sendo arrancados pouco a pouco dos seus braços, sem que você nada possa fazer. É muito doloroso quando a doença bate à porta da nossa casa, quando ela entra sem pedir licença, quando a dor invade a nossa vida, pisa nossas emoções e esvazia nossos sonhos.

Jó sofreu fisicamente, emocionalmente, moralmente e espiritualmente. Ele foi emparedado e encurralado pela dor. Foi entrincheirado pelo sofrimento e surrado pela doença. Buscou uma porta de saída e não encontrou. Buscou alívio e não achou. Gritou por socorro e só ouviu o silêncio de Deus e a falsa acusação dos amigos. Ele chorou e ninguém foi capaz de enxugar suas lágrimas. Ele foi ferido e ninguém lhe ministrou uma palavra de consolo. Ele foi humilhado e ninguém saiu em sua defesa. Foi injustiçado e ninguém defendeu a sua causa. Enfim, Jó desejou ardentemente morrer, mas a morte também fugiu dele. A sua dor era maior do que a própria morte, por isso desejou a morte. É importante destacar que a vida de Jó não é uma lenda. O sofrimento de Jó não é uma ficção. Essa dolorosa realidade tem-se repetido. Quem sabe você também está bebendo desse mesmo cálice amargo.

4. O CASAMENTO DE JÓ

Jó, sentado em cinza, tomou um caco para com ele raspar-se. Então, sua mulher lhe disse: Ainda conservas a tua integridade? Amaldiçoa a Deus e morre. Mas ele lhe respondeu: Falas como qualquer doida; temos recebido o bem de Deus e não receberíamos também o mal? Em tudo isto não pecou Jó com os seus lábios. (Jó 2:8-10).

A mulher de Jó não suportou a pressão. Cerrou os punhos em sinal de inconformismo e se revoltou contra Deus. Ela desistiu de Deus. Ela se decepcionou com Deus e quis arrastar consigo seu marido para as profundezas do abismo da incredulidade. A mulher de Jó desistiu não apenas de Deus, mas também de seu casamento, na hora em que mais seu marido precisou dela. Ela estava acostumada com o sucesso e não conseguiu superar a crise e conviver com o sofrimento. Ela estava acostumada a receber bênçãos e não suportou os males. Assim a Bíblia relata a reação da mulher de Jó: *Amaldiçoa a Deus e morre* (2:9).

O grande drama de Jó é que, no vale mais profundo da sua dor, em vez de sua mulher se colocar do seu lado, como amiga e consoladora, agravou ainda mais o seu sofrimento. Muitos casais enfrentam a mesma situação. Quando a crise chega, o casamento é abalado. Quando a vida financeira é atingida por um terremoto, os alicerces do casamento estremecem. Quando o luto estende as asas sobre a família, o casamento fica vulnerável. Quando a doença abre a maçaneta da porta da casa e invade a família, o casamento se fragiliza. Quando os reveses, como torrentes, despejam-se sobre a família, os vínculos conjugais se afrouxam. Quando a dor é maior do que a fé, a revolta destrona a confiança em Deus, e o casamento naufraga.

Há muitos casais enfrentando aguda crise conjugal. Talvez para você, leitor, a alegria do primeiro amor já não existe mais. O romantismo acabou. Os sonhos morreram. O futuro é incerto. O passado, uma coletânea de decepções. Há muitos casais sem esperança. Há muitos casamentos doentes. É a revolta que extravasa. É o desencanto que mostra a sua carranca.

Muitos heróis de Deus têm caído por causa da infidelidade conjugal. Há muitos líderes religiosos separando-se do seu cônjuge. Há muitos escândalos explodindo em nosso meio. Há muitos divórcios trágicos deixando feridas nos cônjuges e arrebentando com os filhos. Há muitos que tapam os ouvidos à voz de Deus e mergulham a consciência no oceano das racionalizações absurdas. Nossa geração está perdendo o referencial da verdade absoluta e a sensibilidade para ouvir a voz do Espírito. Está se entregando nos braços sedutores de uma ética relativa e situacional. A instituição da família está em crise. Os mourões estão caindo. Os esteios estão se afrouxando. A família está em perigo.

Talvez você, enquanto lê este livro, esteja garroteado por uma crise conjugal estranguladora. Talvez esteja sufocado sem o oxigênio da esperança.

Talvez esteja chegando já ao fim da linha, exausto de tanto lutar pelo seu casamento, sem ver nenhum sinal de restauração. Talvez você já tenha esgotado todos os seus recursos e até mesmo jogado a toalha, desistindo de tudo. Quem sabe a única coisa que lhe resta seja uma mágoa profunda, uma ferida aberta, uma revolta explosiva em seu peito. Talvez você esteja curtindo a dor da traição. Você foi apunhalado pelas costas e é vítima da infidelidade conjugal. Você investiu sua vida no seu cônjuge, abriu mão de seus próprios sonhos para caminhar com ele e agora recebe como recompensa o abandono, o descaso, a cruel infidelidade. Talvez você, mesmo vivendo a sacralidade e a pureza do leito conjugal, esteja às voltas com o drama das doenças sexualmente transmissíveis, fruto da irresponsabilidade condenável do seu cônjuge promíscuo. Há até mesmo aqueles que estão chorando a dor amarga de ter contraído aids dentro das balizas sagradas do leito matrimonial, vitimados pela promiscuidade dolosa de seu cônjuge. Sim, é muito grande a crise que se instalou na família. O livro de Jó alerta-nos para esse fato inglório.

5. AS AMIZADES DE JÓ

Ouvindo, pois, três amigos de Jó todo este mal que lhe sobreviera, chegaram, cada um do seu lugar: Elifaz, o temanita, Bildade, o suíta, e Zofar, o naamatita; e combinaram

> *ir juntamente condoer-se dele e consolá-lo. Levantando eles de longe os olhos e não o reconhecendo, ergueram a voz e choraram; e cada um, rasgando o seu manto, lançava pó ao ar sobre a cabeça. Sentaram-se com ele na terra, sete dias e sete noites; e nenhum lhe dizia palavra alguma, pois viam que a dor era muito grande* (Jó 2:11-13)

Elifaz, Bildade e Zofar são amigos de Jó e vêm de longe para estar com ele em sua desdita (2:11). Eles são solidários, vão ao encontro de Jó para condoer-se dele e consolá-lo (2:11). São sensíveis e choram ao ver o drama de Jó (2:12). Demonstram profunda empatia, são capazes de sentar-se com ele na terra sete dias e sete noites sem dizer uma palavra sequer, por causa da sua intensa dor (2:13).

Mas esses três homens, a despeito de terem um coração compassivo, tinham uma teologia errada. E revelaram essa falsa teologia de duas maneiras: Primeiro, alegaram conhecer a mente de Deus. Eles disseram a Jó que ele estava sofrendo por causa do seu pecado. Afirmaram que Deus o castigava por causa da sua transgressão. Falaram que Deus havia matado seus filhos porque esses eram rebeldes (8:4). Para os amigos de Jó, Deus o castigava por causa de seus pecados. Eles tinham uma teologia falsa. Para eles, todo o sofrimento é castigo de Deus. Eles defendiam a tese de que uma pessoa santa não pode sofrer. Apressavam-se em explicar a causa do sofrimento alheio. Tinham na ponta da língua a elucidação dos dramas mais complexos que atingiam os outros. Consideravam-se exegetas infalíveis da mente divina. Para eles, Deus estava limitado às suas convicções teológicas. Muitos hoje, de igual forma, são pródigos em explicar as causas do sofrimento que desaba sobre nossa cabeça. Outros, fazendo incursões nos refolhos da alma, mergulham nas águas profundas de seus sentimentos turbulentos, perguntando:

- Por que estou doente?
- Por que perdi o emprego?
- Por que minha empresa faliu?
- Por que perdi meus filhos?
- Por que os meus amigos se afastaram na hora da minha dor?
- Por que meu cônjuge saiu de casa?
- Por que há luto em meu lar?

Os discípulos de Cristo, ao verem um homem cego de nascença, logo perguntaram: *Mestre, quem pecou, este ou seus pais para que nascesse cego?* (Jo 9:2). No entendimento deles, a cegueira daquele homem deveria ser resultado do castigo do seu pecado ou do pecado de seus pais. Mas Jesus, fugindo do simplismo da lógica da causa e efeito, respondeu:

Nem ele pecou, nem seus pais; mas foi para que se manifestem nele as obras de Deus (João 9:3).

Em segundo lugar, eles tinham uma visão errada de Deus. Para os amigos de Jó, o homem bom recebe prêmios e não sofre. O sofrimento é o salário dos maus, o castigo pelo pecado. Na teologia deles, o homem santo não podia ser pobre, ficar doente, ter problemas na família, enfrentar crise no casamento. Os amigos de Jó eram os precursores da equivocada teologia da prosperidade.

Os amigos de Jó tinham não apenas uma teologia errada, mas também uma atitude errada. A teologia é a mãe da ética. A teologia determina o comportamento. A doutrina determina a vida. Eles acusaram Jó levianamente, atribuindo contra sua honra pesadas acusações sem fundamentos. Solaparam a reputação de Jó. Conspiraram contra o seu nome. Crivaram Jó de setas venenosas. Falsearam a verdade, aviltaram a justiça e esqueceram a misericórdia. Macularam a honra de um homem impoluto e sem jaça. Atacaram o relacionamento de Jó com Deus. Feriram a reputação de Jó. Tramaram contra a honestidade de Jó e pisaram em sua vida emocional. Insurgiram contra sua família.

A despeito de Deus afirmar que Jó era o homem mais piedoso da terra (1:8), eles o acusaram de ser um homem não convertido (22:21-30). A despeito de Jó ser um homem íntegro, reto, temente a Deus e que se desviava do mal (1:1), eles o acusaram de ser um pecador endurecido (11:3), hipócrita (4:3-5; 11:4-6), impuro (8:6,7; 8:20-22) e malicioso (22:5). A despeito de Jó passar por todos os reveses sem pecar contra Deus (1:22; 2:10), eles o acusaram de ser rebelde contra Deus (34:35-37), de não ser convertido (22:21-30), de fazer pouco caso das consolações de Deus (5:11), de ser ignorante e rebelde contra Deus (34:35-37) e de não buscar a Deus na aflição (5:8; 8:5). Apesar de Deus confiar a defesa de sua honra nas mãos de Jó, constituí-lo seu advogado na terra e que Jó dissera o que era reto a seu respeito (42:7), eles acusaram Jó de ser hipócrita (4:3-5), fazendo o mesmo jogo de Satanás. Apesar de Jó ter afirmado que fizera aliança com seus olhos para não fixá-los em outra mulher (31:1), eles o acusaram de adúltero (8:6,7; 22:5). Apesar de Jó ter cuidado dos pobres, dos órfãos e dos necessitados (29:12,16), eles o acusaram de ser ladrão (18:19). Apesar de Jó cuidar das viúvas desamparadas (29:13), eles o acusaram de ser explorador dos pobres (22:6). Apesar de Jó se fazer de olhos para o cego, de pés para o coxo e de pai para os necessitados (29:15,16), eles o acusaram de ser insensível às necessidades dos aflitos (22:7-19), opressor dos pobres e roubador (18:19), cobiçoso insaciável (18:20,21), ganancioso (18:26-29). Apesar de Jó ser um pai exemplar (1:4,5), disseram que sua habitação era amaldiçoada (5:3), que seus filhos foram desamparados e destruídos (5:4), rebeldes contra Deus (8:4) e que, por ser perverso, Jó foi destruído com toda a sua casa (18:5-21). Apesar de Jó ser o homem mais crente, mais piedoso e mais lúcido segundo a avaliação do céu (1:1,8; 2:10; 42:7-9), eles o acusaram de loucura (5:2).

Na verdade, os amigos de Jó tornaram-se levianos, opressores, flageladores, causadores de sofrimento e não lhe aliviaram as tensões. Os amigos de Jó tornaram-se consoladores molestos, carrascos da alma. A conclusão deles era falsa (4:8,9).

Existem muitas pessoas machucadas na vida por causa das acusações falsas e descaridosas dos seus amigos. As pessoas mais íntimas, às vezes, se voltam contra nós e nos afligem com desmesurado rigor. As pessoas têm o potencial de roubar nossa alegria, de nos ferir e nos humilhar. Talvez você esteja com o coração cheio de amargura e decepção porque aqueles que deveriam estar do seu lado, como amigos, estão ao seu redor para investigar sua vida e interpretar seu sofrimento pelas leis equivocadas de uma teologia sem caridade e sem compaixão. O grande tribuno e conspícuo orador lusitano, padre Antônio Vieira, afirmou certa feita que "há certos amigos que não são os amigos certos". Há grande falta de lealdade nos relacionamentos. Existem muitos que carregam veneno debaixo da língua. Há muita gente ferida no arraial de Deus por causa da maledicência. Os amigos de Jó são contemporâneos e estão espalhados por aí, bem perto de você!

2

A RESTAURAÇÃO DE DEUS PARA A FAMÍLIA

Jó ESTAVA FALIDO, ENLUTADO, DOENTE e abandonado. Era alvo de acusações insolentes. Seu problema, além de intenso, estava tornando-se crônico. Sua dor não cessava. As noites longas e intermináveis eram um tempo de tortura para ele. Ele não encontrava alívio para sua terrível agonia. As cinzas que lhe cobriam as feridas não podiam aplacar a sua dor. O mau cheiro que exalava de suas chagas purulentas era insuportável. Sua pele enrugada e enegrecida estava coberta de bolhas inflamadas. Nesse redemoinho da dor, Jó não apenas gemeu, mas escancarou a alma para gritar com toda a força da sua vida. Ele não ficou em silêncio. Não suportou calado o suplício. Nem encolheu-se amargurado, picado pelo veneno da autocomiseração. Ele espremeu sua ferida existencial. Abriu as câmaras de horror do seu coração e extravasou a sua dor. Não se conformou com o fracasso. Não entregou os pontos nem jogou a toalha. Não aceitou passivamente a decretação da derrota. Ele não agiu como um masoquista que sente um prazer mórbido em sofrer. Não se capitulou à visão estoica que se conforma com a situação, por achar que ela é fruto de um destino cego, implacável e imutável. Jó não engoliu o veneno da dor. Ele desabafou.

Muitas pessoas, quando encurraladas pelo sofrimento, escondem-se na caverna da autopiedade e engolem o veneno das suas tristezas. São intoxicadas pela mágoa. Outras, ao cometer um desatino, um delito reprovável, um pecado vergonhoso, um crime abominável, em vez de confessar seu pecado e correr para Deus, correm de Deus. Em vez de vomitar o veneno, engolem o veneno. A diferença entre Pedro e Judas Iscariotes não é quanto à natureza do pecado cometido. Pedro negou a Jesus, e Judas o traiu. Pedro se arrependeu, e Judas se entregou ao remorso. Arrependimento é volta para Deus, e remorso é fuga de Deus. Arrependimento é vomitar o veneno, e remorso é engolir o veneno. Arrependimento é sinal de vida, e remorso é o caminho da morte. Pedro foi restaurado, e Judas suicidou-se. Pedro foi para o céu, e Judas, para o inferno.

Deus não nos proíbe de falar sobre a dor que estamos sentindo. Ele até mesmo nos encoraja a desabafar, como fez com Elias na caverna (1Reis 19:13). O desabafo é o primeiro passo para a cura. Precisamos destampar o coração nos tempos de pressão. A depressão vem quando sufocamos no peito o gemido que devia extravasar da nossa alma. Muitos acham que a paciência de Jó foi timbrada pelo silêncio. Isso não é verdade. Jó falou. Jó gritou. Jó não calou a sua voz nem cerrou os seus lábios.

1. AS PERGUNTAS DE JÓ

Na sua angústia Jó levantou ao céu várias vezes a pergunta: Por quê?

- Por que estou sofrendo?
- Por que perdi os meus bens?
- Por que os meus filhos morreram?
- Por que estou doente?
- Por que o meu cônjuge não me entende?
- Por que Deus não responde minhas orações?
- Por que a minha dor não cessa?
- Por que o meu casamento acabou?
- Por que meus amigos estão contra mim?
- Por que não morri no ventre de minha mãe?
- Por que não morri ao nascer?
- Por que os seios de minha mãe não estavam murchos de leite para eu morrer de fome?
- Por que o Senhor não me mata de uma vez?

Jó está cheio de queixas contra Deus. Trinta e quatro vezes ele levantou a sua queixa contra os céus. Ele quer buscar uma explicação para o seu sofrimento, mas Deus não lhe dá nenhuma resposta. Não há nenhuma explicação. Jó não vê nenhum sinal do favor de Deus. Não escuta nenhuma voz divina para acalmar sua alma turbulenta. Deus está em silêncio! Pior do que sofrer, é sofrer sem explicações. Maior do que a dor é desconhecer as razões da nossa dor. O silêncio de Deus grita mais alto nos ouvidos da nossa alma do que o ruído mais barulhento das circunstâncias mais adversas. Jó, então, no auge do desespero, abre o seu coração e deixa vazar a sua amarga queixa contra Deus:

- Ele se sente entrincheirado por Deus (3:23).
- Diz que foi atingido pelas flechas venenosas de Deus (6:4).
- Chama Deus de espreitador dos homens (7:19-21).
- Acusa Deus de ser insensível à sua oração e à sua dor (9:16-18), de ser um carrasco aterrador (9:34,35).
- Queixa-se do silêncio de Deus diante da sua terrível angústia (10:2); queixa-se também de ser oprimido sem causa (10:3-9); de não ser perdoado (10:14).
- Acusa Deus de precipitar contra ele males sem fim (10:17) e de não lhe ter permitido morrer no ventre de sua mãe só para deixá-lo sem alento (10:18-22).
- No seu desespero, chega a dizer que os que provocam Deus é que estão seguros e que os tiranos é que gozam a paz, mas o justo e o reto servem de irrisão para os seus amigos (12:4-6).

- Acusa Deus de estar irado incessantemente contra ele (14:13) e de ter destruído toda a sua família (16:7).
- Atribui a Deus a sua magreza (16:8), sente-se despedaçado por ele (16:9) e diz ainda que Deus o entregou nas mãos dos ímpios (16:10,11).
- Levanta a sua queixa de que Deus o agarrou pelo pescoço, tirou a sua paz e o crivou de flechas (16:12,13); afastou dele a sua família e jogou contra ele os seus irmãos, parentes e criados (19:13-16).
- Derrama a sua lamentação contra Deus ao ver a prosperidade e a paz dos perversos sem que Deus os castigue, enquanto ele próprio é afligido (21:4-15); ao mesmo tempo, declara que Deus tirou o seu direito e amargurou a sua alma (27:2).
- Acusa Deus de não guardá-lo mais, não guiá-lo, não ser mais seu amigo, nem estar mais ao seu lado, como nos tempos de outrora (29:2-6).
- Acusa Deus de ter afrouxado a corda do seu arco (30:11) e de tê-lo jogado na lama (30:19).
- Por último, ele acusa Deus de não se apresentar para responder às suas queixas (31:35).

O sofrimento de Jó pode ser analisado em dois aspectos principais:

1. *Sofrimento físico.* Ele foi coberto de tumores malignos da planta dos pés ao alto da cabeça (2:7,8). A sua dor era imensa (2:13). Ele não conseguia dormir por causa da dor lancinante (3:24). Ele não conseguia parar de chorar (3:24). Ele não tinha nenhum alívio do seu sofrimento (3:26). Suas noites eram longas e cheias de aflição (7:3,4). Sua pele ficou cheia de feridas e pus (7:5). Suas dores o apavoravam (9:27,28). Seu corpo apodrecia como uma roupa comida de traça (13:28), encarquilhado e macérrimo (16:8). Seus ossos se deslocaram. Sua dor não tinha pausa (30:17). Sua pele enegreceu e começou a descamar. Seus ossos queimavam de febre (30:30).
2. *Sofrimento emocional.* Ele ficou angustiado e amargurado (7:11). À noite, seus sonhos e visões só lhe traziam mais terror (7:14). Ele chegou a ficar cansado de viver (10:1). Seu rosto afogueou de tanto chorar (16:16). Ele estava cercado de pessoas que o provocavam (17:2). Sua desventura foi proclamada em todo o mundo (17:6). As pessoas cuspiam em seu rosto (17:6; 30:10). Seus sonhos e esperanças malograram (17:11). Os irmãos e conhecidos fugiram dele na sua dor (19:13). Os parentes o desampararam (19:14). As pessoas que receberam sua ajuda no passado agora o tratavam

com desprezo (19:15). O mau hálito e o mau cheiro que exalavam do seu corpo expulsaram a esposa e os irmãos de perto dele (19:17). Até as crianças o desprezavam e dele zombavam (19:18). Todos os seus amigos íntimos o abominaram (19:19). Sua alma ficou amargurada (17:2). Sua honra e felicidade foram arrancadas (30:15). Tudo de bom que ele desejou, aconteceu o contrário (30:26,27).

A questão central desse drama que Jó está vivenciando é que ninguém consegue interpretar a verdadeira causa dos problemas. Jó nunca ficou sabendo o porquê de tudo aquilo ter-lhe acontecido. Com exceção de Deus, todas as pessoas envolvidas nesse enredo estavam equivocadas:

Satanás

Ele estava equivocado porque pensou que Jó era um hipócrita que só servia a Deus por interesse. Achou que Jó amava o dinheiro, os filhos e a si mesmo mais do que a Deus. Acusou a Jó de servir a Deus por interesse e a Deus de subornar Jó com bênçãos para receber dele adoração. Jó, porém, provou que existem pessoas que amam a Deus sobre tudo e sobre todos. Jó provou que servia a Deus não por aquilo que Deus lhe dava, mas por quem Deus era. Jó adorava a Deus não por causa das dádivas de Deus, mas por causa do caráter de Deus.

A mulher de Jó

Ela estava equivocada porque julgou que Deus não era bom e, portanto, indigno de continuar a ser amado. Ela tenta empurrar o marido para o abismo da incredulidade. Tenta inocular no seu coração o veneno peçonhento da revolta contra Deus. Encoraja-o a saltar no abismo do suicídio. Cerra os punhos contra os céus e desanda a boca a falar impropérios contra o Altíssimo. Ela julgou ser Deus o causador de toda aquela tragédia que desabara sobre a sua família.

Os amigos de Jó

Eles estavam errados por julgarem que a causa do sofrimento de Jó eram seus pecados. Não acusaram Jó apenas de ser um terrível pecador, mas de ter cometido vários pecados abomináveis contra Deus, contra a família, contra si mesmo e contra o próximo.

O próprio Jó

Ele estava enganado acerca da causa do seu sofrimento, pois sempre levantou sua queixa contra Deus, pensando ser o Senhor o protagonista e causador desse devastador terremoto que desabara sobre sua cabeça. Jó acreditou que esse mal vinha de Deus (2:10). Ele não questionou o fato da origem e da presença do mal, apenas queria saber por que estava sofrendo.

Na verdade ninguém conseguiu discernir a verdadeira causa do sofrimento de Jó. Ninguém viu a mão iníqua e perversa de Satanás nesse drama. Ninguém foi capaz de perceber que Satanás estava por trás daquele terrível sofrimento. Deixo claro, entretanto, que não defendo a tese de que Satanás é o responsável por tudo de ruim que acontece no mundo. Depois da queda de nossos primeiros pais, o homem tem uma natureza corrompida e inclinada para o mal. Do seu coração procedem os maus desígnios. Aqueles que veem Satanás em todos os deslizes do homem e tentam amarrar Satanás como se ele fosse o único responsável pelos seus pecados estão equivocados. Antes de amarrar Satanás, o homem deve amarrar a si mesmo.

O homem carece não apenas de libertação, mas, sobretudo, de arrependimento. A Bíblia diz que *todos pecaram e destituídos estão da glória de Deus* (Romanos 3:23). Embora o homem seja pecador, não podemos, todavia, estar cegos para a realidade da batalha espiritual. Satanás não é uma ficção. Não é um ser mitológico nem uma lenda religiosa. É um anjo caído. É um inimigo real, perigoso, perverso, assassino, ladrão, mentiroso, maligno, destruidor. Seu grande propósito é roubar, matar e destruir (João 10:10). Ele não descansa, não dorme nem tira férias. Está rodeando a terra e passeando por ela (1:7), e isso não para fazer turismo, nem para se alegrar com a beleza da criação de Deus. Seu propósito é andar ao nosso derredor, como leão que ruge, buscando alguém para devorar (1Pedro 5:8). Paulo diz que devemos resistir às ciladas do diabo (Efésios 6:11). Afirma que a *nossa luta não é contra o sangue e a carne, mas contra os principados e as potestades, contra os dominadores deste mundo tenebroso, contra as forças espirituais do mal nas regiões celestes* (Efésios 6:12). Não lemos em momento algum no livro de Jó que alguém tivesse entendido essa guerra espiritual. Não há nenhum sinal de que alguém tivesse discernido a mão de Satanás como o causador do sofrimento de Jó.

Muitas vezes, caro leitor, Satanás atenta contra a sua vida financeira, contra os seus filhos, contra a sua saúde, contra o seu casamento e até mesmo contra as suas amizades. No meu livro *Marcado para vencer*, relato a experiência de Sara, a filha de um rico judeu, culto, dono de uma das maiores bibliotecas particulares do Brasil, porém ateu. Não conseguindo lidar com o vazio de sua alma, aquele homem rico e letrado deu um tiro na cabeça, ceifando a própria vida. Órfã aos 9 anos, Sara amava o conhecimento e tinha sede de Deus. Pensou que o encontraria no batismo. Buscou avidamente alguém para batizá-la. No dia que um padre resolveu batizá-la, foi uma grande frustração, porque ela não encontrou Deus no batismo. Entrou, então, para a herética seita dos testemunhas de Jeová. Fez vários cursos, mergulhou nas águas turvas daquela teologia heterodoxa, e ali também não encontrou descanso para a sua alma.

Partiu, então, para o espiritismo. Estudou a doutrina espírita, os livros de Allan Kardec, fez estudos e mais estudos sobre a reencarnação, mas não encontrou Deus ali. Saiu dali e passou a frequentar o candomblé. Fez pacto com os orixás, aliança com os demônios. Tornou-se escrava do diabo. Sua vida estava no fundo do poço. Sua alma gemia de dor. Seus olhos estavam embaçados de desesperança. Não havia paz para o seu coração. Aos 14 anos, pensou que a única saída para sua vida era dar um tiro na cabeça, à semelhança de seu pai.

Foi nesse momento que uma colega de escola a convidou para ir à igreja e participar de uma série de conferências evangelísticas. Ela foi na sexta-feira e achou o culto chatíssimo, maçante e enfadonho. Voltou no sábado pensando que o culto poderia ser melhor, mas segundo a sua avaliação foi pior ainda do que na noite anterior. Pensou: *Vou voltar no domingo, porque pelo menos a minha colega larga do meu pé*. No domingo, porém, enquanto o coro da igreja cantava um hino, o Espírito de Deus tocou o seu coração e ela se converteu ao Senhor Jesus Cristo. Uma grande paz invadiu a sua alma. O vazio do seu coração foi preenchido. Sua vida foi radicalmente transformada. Ela nasceu de novo, tornou-se uma nova criatura. Sua mãe, no entanto, que era umbandista, passou a persegui-la a fim de que voltasse para o espiritismo. Queimava suas Bíblias, rasgava seus livros evangélicos. Mas Sara continuava firme e resoluta, servindo ao Senhor.

Aos 18 anos, ela precisou sair de casa. Então orou pedindo a Deus um marido crente, cheio do Espírito Santo. Deus ouviu seu clamor, e ela casou-se com um jovem crente, missionário, pregador do evangelho. Formaram uma linda família. Eram muito felizes. Tiveram dois filhos maravilhosos. A igreja caminhava bem e crescia maravilhosamente. De repente, uma tempestade avassaladora desabou sobre sua vida. Seu marido comunicou-lhe: "Sara, estou indo embora. Estou apaixonado por outra mulher. Vou deixar você, nossos filhos, a igreja, o ministério. Quero viver essa aventura". Sara, chocada, perplexa, só conseguia chorar. Vieram os amigos de Jó e disseram-lhe: "Sara, você é uma mulher jovem, bonita e inteligente. Não chore por esse homem, ele não é digno do seu amor. Levante a cabeça, refaça a sua vida com outro homem. Dê o troco que ele merece". Mas Sara respondia: "Eu não posso fazer isso. Tenho certeza que o meu marido é presente de Deus. Eu o pedi a Deus em oração. Amo o meu marido e não vou desistir dele". Entretanto, por mais que Sara chorasse, as coisas não mudavam. Até que, em uma noite de sábado, ela estava chorando muito em sua casa, porque a última audiência para o divórcio seria na quarta-feira seguinte. De repente, um pensamento veio à sua mente: *E se foi o diabo que roubou o meu marido, e eu nunca declarei guerra contra ele?* Naquele momento, Sara enxugou suas lágrimas, levantou-se e fez uma declaração que até então nunca tinha feito. Disse:

Ó Deus, eu quero declarar diante de ti e dos teus anjos que eu sou de Jesus, pois fui remida e lavada no sangue do Cordeiro. Quero declarar que meus filhos são teus, porque foram remidos e lavados no sangue do Cordeiro. Quero também declarar que o meu marido é de Jesus, porque ele foi remido e lavado no sangue do Cordeiro. Agora, eu clamo a ti, ó Senhor, no poderoso nome de Jesus, que toda obra do diabo para destruir o meu casamento e aprisionar o meu marido seja desfeita e caia por terra.

Naquela noite, Sara conseguiu dormir placidamente. No domingo bem cedo, levantou-se para preparar as crianças para irem à igreja e encontrou uma carta debaixo da porta. Era do seu marido. Ela abriu apressadamente o envelope e maravilhou-se com o que estava escrito. Seu marido dizia:

> Sara, ontem à noite [no momento em que ela fez a declaração], algo muito forte aconteceu comigo. Eu estava em casa, quando, de repente, aconteceu uma convulsão dentro do meu peito. Parece que escamas caíram dos meus olhos. Percebi que estava cego, confuso e perdido. Reconheci meu pecado e minha loucura. Sara, estou envergonhado e arrependido. Eu amo você. Por favor, me perdoe. Eu quero voltar para casa, quero reconciliar-me com você. Quero voltar para os meus filhos, para a igreja, para o ministério e, sobretudo, para Deus. Não posso mais viver longe dos braços do meu Deus.

Naquela manhã de domingo, o casamento de Sara foi restaurado. Ela entendeu a natureza do conflito. Usou as armas espirituais que são poderosas em Deus para destruir fortalezas, anular sofismas e toda altivez que se levante contra o conhecimento de Deus (2Coríntios 10:4,5).

Muitas pessoas estão sendo vitimadas por um ataque implacável do inferno, atingidas pelos dardos inflamados do maligno, e não discernem essas coisas. É tempo de abrir os olhos. Se enxergar demônios em tudo é um erro, não ver a ação deles em nada é outro erro. Não podemos superestimar nem subestimar a ação do maligno.

2. O SILÊNCIO DE DEUS

Há momentos em que o silêncio de Deus fala mais alto do que o nosso sofrimento. O silêncio de Deus é mais estrondoso do que um trovão.

O povo de Israel sofreu amargamente no Egito debaixo dos chicotes. Amassando barro, construindo palácios, sob o látego dos algozes. O povo de Deus ergueu o seu brado ao céu, mas a única voz que ouviu durante anos e anos foi a voz do azorrague que estalava em suas costas (Êxodo 1:7-14).

Os discípulos de Jesus estavam sendo açoitados pela fúria da tempestade no mar da Galileia. Eles clamaram, mas o único som que ouviram foi o das ondas sovando o barco prestes a naufragar (Mateus 8:23-27).

Jó também ergueu a voz ao céu, gritou por Deus, pediu explicações. Mas Deus não lhe respondeu uma só palavra. Deus não explicou nada para Jó; pelo contrário, fez-lhe setenta perguntas "Quem?": *Quem é este que escurece os meus desígnios com palavras sem conhecimento?* (Jó 38:2). Jó estava questionando a providência de Deus, querendo ser mais sábio do que Deus. O Senhor, então, coloca Jó no seu devido lugar e lhe propõe perguntas perturbadoras:

- Onde estavas tu, quando eu lançava os fundamentos da terra?
- Quem estabeleceu os limites do mar?
- Sabes dizer de onde vem a luz?
- Sabes de onde vem o vento? Sabes estabelecer a rota dos trovões?
- Sabes dizer quem produz o orvalho da noite?
- És capaz de contar as estrelas ou controlar as estações do ano?

Muitas vezes passaremos pela vida sem encontrar explicação para as causas do nosso sofrimento ou resposta para nossas mais inquietantes perguntas. Mas nos basta saber quem está no controle da situação. Mesmo que Satanás conspire contra nós, nossa vida está sob o controle do Deus onipotente. Nossas crises não são maiores do que nosso Deus. O nosso Deus nunca entra em crise nem jamais é apanhado de surpresa. Ele nunca perde as rédeas da nossa vida. Até o silêncio de Deus é pedagógico. Quando aquele que troveja das alturas fica em silêncio, é porque ele quer ensinar profundas lições a nós. É preciso ter ouvidos afinados pelo diapasão do céu para ouvir a mensagem do silêncio de Deus!

3. A RENDIÇÃO DE JÓ

Quando Jó entendeu a soberania de Deus, descobriu seis verdades fundamentais que mudaram sua vida:

1. Não há crise que Deus não possa reverter
Bem sei que tudo podes... (Jó 42:2).

O seu problema parecia insolúvel. A sua doença era incurável. A sua dor parecia não ter fim. Jó estava no fundo do poço. Todas as circunstâncias apontavam para a ruína irreversível da sua vida. Ninguém mais podia crer que Jó se levantaria das cinzas. Todos acreditavam que Jó estava liquidado. Mas, quando tudo parecia perdido, Jó teve uma percepção clara da soberania de Deus. Então entendeu que, para Deus, não há impossíveis. Ele é o Deus dos milagres, que opera maravilhas. Quando Deus age, ninguém pode impedir a sua mão. Quando Deus se manifesta, ninguém pode detê-lo. Quando a mão de Deus age, a morte precisa bater em retirada, Satanás precisa fugir, a tempestade se transforma em bonança, e o impossível acontece. Jó saiu da cova existencial. Ele largou os andrajos e levantou-se das cinzas quando compreendeu quão grande era o seu Deus.

Qual é o tamanho do seu Deus? O profeta Isaías, no capítulo 40 do seu livro, diz que o nosso Deus é aquele que mede as águas na concha de sua mão. É aquele que pesa o pó das montanhas em balança de precisão. O nosso Deus é aquele que mede os céus a palmos e espalha as estrelas no firmamento e, quando as chama pelo nome, nenhuma delas vem a faltar. O nosso Deus olha para as nações da terra e as vê como um pingo que cai num balde, como um pó numa balança de precisão. Vê as nações como nada, como menos do que nada, como um vácuo. Deus é quem levanta reis e abate reis. Ele é criador do vastíssimo e insondável universo com cerca de cem bilhões de anos-luz de diâmetro. Para ele não há impossíveis, pois ele tudo pode. Nós temos fraquezas intransponíveis. Temos fraquezas físicas, emocionais, morais e espirituais, mas o nosso Deus tudo pode!

2. Os desígnios de Deus não podem ser frustrados

... e nenhum dos teus desígnios pode ser frustrado (Jó 42:2).

Nada apanha Deus de surpresa. Nada abala o trono do todo-poderoso. Nada frustra os propósitos divinos. O plano de Deus foi estabelecido na eternidade. Ele projetou a nossa vida desde os tempos eternos. Ele nos amou com amor eterno e nos escolheu antes da fundação do mundo. Ele já escreveu em seu livro cada detalhe da nossa vida. Os percalços da vida e as crises que nos atingem não podem deitar por terra os planos de Deus. O Deus que começou a realizar em nós a sua boa obra há de completá-la até o dia de Cristo Jesus. Jó entendeu que sua vida não estava solta, ao léu, jogada de um lado para o outro ao sabor das circunstâncias. Ele compreendeu que, mesmo quando somos afligidos, os desígnios de Deus não são frustrados; pelo contrário, todas as coisas cooperam para o nosso bem. Não cremos em acaso. Não cremos em sorte nem em azar. Não cremos em determinismo cego. Cremos, sim, que a mão de Deus dirige o nosso destino.

3. O seu conhecimento de Deus era superficial
Eu te conhecia só de ouvir... (Jó 42:5).

A despeito de Jó ser um homem piedoso, temente a Deus, íntegro e que se desviava do mal, ele ainda não tinha profundas experiências com Deus. O conhecimento que Jó tinha de Deus era de segunda mão. Não basta saber que o nosso Deus é o Deus dos antigos; ele precisa ser também o Deus da nossa vida, da nossa experiência. Deus permite o sofrimento não porque ele é sádico, não porque tem prazer de ver seus filhos sofrendo, mas porque o sofrimento conduz à perseverança, e a perseverança desemboca em uma profunda experiência com o Senhor. C. S. Lewis disse: "Deus sussurra em nossa alegria e grita em nossa dor". As grandes lições da vida, nós não as aprendemos em dias de festa. É no vale da dor que passamos a conhecer mais profundamente o Senhor. É quando a uva é esmagada que ela produz o vinho. É quando a flor é esmagada que ela exala o seu mais excelente perfume. É quando o diamante é lapidado que ele revela a sua beleza mais encantadora. É no sofrimento que descobrimos de maneira mais profunda a excelsa graça do nosso glorioso Deus. Às vezes ficamos perplexos com a confissão de Jó. Como o homem mais piedoso da terra poderia fazer uma afirmação tão chocante de conhecer a Deus só de ouvir? A resposta para essa pergunta é: O que é conhecer a Deus? A própria essência da vida eterna é conhecer a Deus (João 17:3). Depois que estivermos glorificados no céu por milhões e milhões de anos, nós ainda estaremos efusivamente conhecendo a Deus. Ele é inesgotável em seu ser. Nem toda a eternidade será suficiente para esgotarmos o conhecimento de Deus. Precisamos conhecer e prosseguir em conhecer o Senhor.

4. Deus pode ser conhecido de forma mais profunda e pessoal

... *mas agora os meus olhos te veem* (Jó 42:5).

Longe de destruir Jó, o sofrimento o levou a um conhecimento mais profundo do Senhor. Longe de afastá-lo de Deus, o sofrimento o colocou mais perto de Deus. Para aqueles que amam a Deus, todas as coisas cooperam para o seu bem. O mesmo sol que endurece o barro amolece a cera. Enquanto uns se revoltam com o sofrimento, outros se quebrantam. Jó não busca mais explicações; ele quer comunhão. Deixa de interrogar Deus, quer adorar a Deus. Jó não está concentrado mais em si mesmo; quer é deleitar-se no conhecimento de Deus. Contemplar a Deus, e não às circunstâncias, é o remédio que cura as grandes feridas da nossa alma.

5. Sua fala foi precipitada

Na verdade, falei do que não entendia; coisas maravilhosas demais para mim, coisas que eu não conhecia (Jó 42:3).

A dor pode levar-nos a falar muitas coisas movidos pela paixão. Quando estamos com o peito encharcado de dor, as palavras transbordam da nossa boca sem muito cuidado. Falamos sem entendimento, precipitadamente. Culpamos Deus, quando na verdade ele está trabalhando em nós para o nosso bem. Achamos que Deus está indiferente à nossa dor, quando na verdade ele nunca deixou de estar do nosso lado. Achamos que Deus está demorando demais para nos ouvir, mas na verdade ele está trabalhando em nosso favor para fazer algo maior em nossa história. Nem sempre Deus nos atende no nosso tempo. Ele não se deixa pressionar. Ele faz todas as coisas segundo o conselho da sua vontade.

6. Conhecimento profundo a si mesmo

Por isso, me abomino e me arrependo no pó e na cinza (Jó 42:6).

O maior propósito de Deus em nossa vida não é poupar-nos do sofrimento, mas nos fazer santos. A vida cristã não é uma apólice de seguros contra os reveses da vida. Não é uma redoma de vidro nem uma estufa para um crescimento artificial. A vida cristã é um campo de guerra, um enfrentamento, um lugar de ser trabalhado, burilado e cinzelado pela mão de Deus. O próprio Jesus aprendeu pelas coisas que sofreu. O propósito eterno de Deus é nos transformar à imagem de Cristo.

Conhecer a Deus é o primeiro caminho para o autoconhecimento. Só vamos conhecer a nós mesmos profundamente quando conhecermos a Deus. Calvino abre as *Institutas da religião cristã* mostrando que o conhecimento de Deus precede e determina o autoconhecimento. Quando o profeta Isaías contemplou a majestade e a santidade de Deus, olhou para si mesmo e reconheceu quão pecador era. Quando Pedro viu o poder colossal de Jesus na pesca maravilhosa, pediu que Cristo se afastasse dele, porque se reconhecia pecador. Quando Jó contemplou a majestade gloriosa de Deus, disse: *Sou indigno...* (40:4).

Talvez você questione: Como o homem mais piedoso do mundo pode fazer uma confissão dessa: *Por isso, me abomino no pó e na cinza*? As pessoas que mais choram e confessam seus pecados não são as que mais pecam, mas as que mais perto de Deus andam. Aqueles que andam nas trevas nem reconhecem seus pecados. Mas, quanto mais perto de Deus andamos, mais temos consciência do pecado e mais sofremos por causa dele.

Certa feita, uma jovem chegou acompanhada de seus pais num dos hospitais de São Paulo, com uma severa hemorragia. Quando o médico a examinou, disse: "Essa jovem acabou de ter um bebê". Ela protestou e disse: "doutor, o senhor está enganado. Eu não estava grávida". O mesmo disseram os seus pais. O médico, percebendo a intencionalidade da jovem e de seus pais de ocultarem o aborto criminoso, respondeu: "Pois você, jovem, acabou de ter um bebê, e eu quero que me tragam o bebê imediatamente, senão eu denuncio o caso à polícia". Meia hora depois, chegava um bebê morto numa caixa de isopor. O detalhe é que nem a moça nem seus pais demonstraram nenhum sinal de arrependimento. Quando as pessoas vivem longe de Deus, elas não têm nenhuma convicção de pecado.

4. O TRIUNFO DE DEUS

Tudo o que Satanás intentou destruir na família de Jó, Deus restaurou. O diabo tem poder, mas Deus é o todo-poderoso. Satanás está no cabresto do Senhor. Ele só pode ir até onde Deus lhe permite ir, nem um centímetro a mais. Primeiro, Satanás tentou afastar Jó de Deus através do sofrimento, mas o sofrimento aproximou Jó ainda mais de Deus (42:5). Segundo, ele tentou mostrar a Jó que Deus não era onipotente nem misericordioso por não tirá-lo daquela situação de sofrimento, mas Jó se curvou à soberania de Deus (42:2). Terceiro, Satanás tentou azedar o coração de Jó com mágoa em relação a seus amigos, mas Jó espremeu a ferida e passou a orar por eles, perdoando-os completamente (42:10).

O que desencadeou o processo de cura e restauração em Jó foi o fato de ele parar de reclamar e passar a orar. Ninguém pode orar e guardar mágoa no coração ao mesmo tempo. Onde não há perdão, não há cura. Onde há amor, não há espaço para as trevas do ressentimento. O diabo não sabe amar. O diabo não tolera a luz. Onde Deus lança luz, o diabo precisa bater em retirada. Satanás pode atacar-nos com fúria, mas, se Deus é o nosso escudo, se ele está nos cercando como um muro de fogo, se ele nos agasalha e nos hospeda sob suas asas, se estamos assentados com ele nas regiões celestes, então somos mais do que vencedores.

5. A RESTAURAÇÃO DE DEUS NA VIDA DE JÓ

Todo o mal que Satanás intentou contra Jó, Deus transformou em bênção. Nas cinco áreas em que o maligno bombardeou Jó, Deus fez tudo novo. Não há situação tão crítica que Deus não possa reverter. Não há vale tão profundo que a misericórdia de Deus não possa alcançar.

O mundo pode olhar para você e não ver mais esperança, mas, se Deus agir com sua onipotente mão, o deserto pode transformar-se em jardim; e do vale de ossos secos pode levantar-se um poderoso exército. O seu casamento pode estar quebrado, mas, se Deus o tocar, ele pode fazer dos cacos um vaso novo. O seu amor pode ter acabado, mas, se Deus quiser, ele chama à existência as coisas que não existem. O seu sentimento pode estar morto, mas Deus é especialista em ressurreição; ele pode chamar à vida o que está morto. Você pode estar falido financeiramente, mas, se Deus quiser, ele pode fazer de você uma pessoa próspera. A sua saúde pode estar abalada e até mesmo os médicos podem ter-lhe dado o pior diagnóstico. Mas, se Deus quiser, ele pode curar você. Ele é o Deus que nos sara. É ele quem cura todas as nossas enfermidades. Ele cura através dos meios, sem os meios e apesar dos meios.

Vejamos a fantástica intervenção restauradora de Deus na vida de Jó:

Deus restaurou os bens de Jó

> ... *e o Senhor deu-lhe o dobro de tudo o que antes possuíra* [...]. *Assim, abençoou o SENHOR o último estado de Jó mais do que o primeiro; porque veio a ter catorze mil ovelhas, seis mil camelos, mil juntas de bois e mil jumentas* (Jó 42:10,12).

Jó passou a ter o dobro de tudo quanto possuía (1:3). Se Jó já era o homem mais rico do Oriente, agora é duplamente o mais rico. A bênção do Senhor enriquece e com ela não traz desgosto. O diabo queria ver Jó na miséria, queria arruiná-lo financeiramente, desequilibrá-lo economicamente. Mas é Deus quem nos capacita a adquirir riquezas. A riqueza honesta vem como bênção de Deus, e não como fruto da injustiça e da ganância. A Bíblia diz que *na casa do justo há prosperidade e riqueza* (Salmos 112:3) e que Deus lhe dá prosperidade enquanto ele dorme (Salmos 127:2). É bem verdade que não podemos medir a prosperidade apenas pela questão financeira. Há muitos ricos que vivem na miséria aos olhos de Deus. A igreja de Laodiceia se considerava rica, mas aos olhos do Senhor era pobre e miserável (Apocalipse 3:17). Contudo, há promessa de bênção financeira para aqueles que são fiéis a Deus (Malaquias 3:8-11).

Talvez você esteja passando por uma crise financeira, esteja desempregado, endividado, vendo todo o seu investimento financeiro, construído com suor e lágrimas ao longo da vida, escoando-se pelo ralo. Talvez você já tenha chegado ao fim da linha, já tenha tentado todos os meios e cada vez mais a corda parece apertar-lhe o pescoço. O mesmo Deus que restaurou as finanças de Jó pode fazer um milagre em sua vida. O mesmo Jesus que multiplicou os pães e os peixes pode fazer um milagre de multiplicação nos seus bens. O mesmo Deus que é dono de todo o ouro e de toda a prata é o Deus capaz de sanear as suas finanças e restaurar a sua vida financeira. A sua segurança financeira não está nas mãos daqueles que governam as leis do mercado internacional. A sua vida repousa nas mãos daquele que está assentado na sala de comando do universo, o Deus todo-poderoso. É ele quem lhe dá vida, saúde, inteligência, capacidade de trabalhar e produzir. Dele vem o seu sustento. Se ele cobre os campos engrinaldados de flores com lírios graciosos e alimenta as aves dos céus, pode também suprir em Cristo todas as suas necessidades e fazer que os seus negócios prosperem.

Deus restaurou a saúde de Jó

Depois disto, viveu Jó cento e quarenta anos; e viu a seus filhos e aos filhos de seus filhos, até à quarta geração. Então, morreu Jó, velho e farto de dias (Jó 42:16,17).

A doença de Jó era incurável até Deus tocar nele. O que os médicos não puderam fazer, Deus fez.

O que a medicina não conseguiu fazer, Deus realizou. Para Deus não há impossíveis. Ana também tinha uma doença incurável, seu problema era insolúvel. Os médicos de Ramá certamente já haviam desistido do seu caso. Ela era estéril. Mas, a despeito de todas as vozes contrárias, ela continuou crendo que Deus poderia reverter aquela situação e por isso se pôs a orar. Deus a ouviu. Ela foi curada. Ela concebeu e deu à luz Samuel, o maior profeta daquela geração. Quando os recursos dos homens chegam ao seu fim, Deus continua operando.

Mesmo diante da morte, não se esgota o poder de Deus. Quando Jairo recebeu a notícia de que sua filha única estava morta, Jesus lhe disse: *Não temas, crê somente.* Até a morte precisa bater em retirada quando Jesus intervém.

Jó foi curado milagrosamente. Não restou uma sequela de sua devastadora enfermidade. O nosso Deus fez, faz e fará maravilhas. O tempo dos milagres não acabou. O nosso Deus não é apenas o Deus dos antigos. Não é apenas o Deus dos livros. Ele age ainda hoje. Ele nunca abriu mão de ser o Deus todo-poderoso. Mesmo que os médicos tenham dito a você que o seu caso não tem mais solução, se Deus quiser, existe solução. Mesmo que o diagnóstico seja sombrio, se Deus quiser, a sua doença pode ser debelada. Mesmo que as evidências conspirem contra a sua razão, Deus pode fazer o impossível. Mesmo que as suas emoções estejam em frangalhos, esfalfadas e arrebentadas pelas circunstâncias contrárias, Deus pode curar você da sua depressão e levantar o seu ânimo. Ele faz que a mulher estéril seja alegre mãe de filhos. Ele faz que o fraco renove as suas forças e seja como a águia. O mesmo Jesus que curou os doentes, levantou os paralíticos, purificou os leprosos, deu vista aos cegos, fez ouvir os surdos e ressuscitou os mortos é o Jesus que está vivo e presente conosco. Basta um toque da sua mão, e a enfermidade mais agressiva não resistirá ao seu poder. Ele pode tudo quanto quer. Com Jesus a esperança nunca morre.

Deus restaurou o casamento de Jó

Aquela mulher revoltada foi libertada por Deus. Aquela mulher encharcada de mágoa foi restaurada pelo Senhor. Aquele coração envenenado de ódio foi quebrantado pelo toque do Deus misericordioso. A mulher de Jó foi perdoada, transformada, curada. Deus devolveu a ela os sonhos de uma vida feliz. Deus fez terapia em suas emoções, curou seus traumas do passado e derramou amor no seu coração. Ao mesmo tempo, o Senhor trabalhou o coração de Jó, renovando-lhe o amor de esposo. Certamente houve quebrantamento, lágrimas, perdão, restauração e reconciliação. Dali para a frente eles trilharam uma caminhada feliz.

Não há crise conjugal que Deus não possa restaurar. Ele é especialista em pegar vasos quebrados e fazer deles vasos novos e lindos. Não há casamento sem esperança para Deus. Não há causa perdida para o Senhor. Onde há humildade para reconhecer os erros e disposição para pedir perdão e perdoar, sempre há chance de restauração. A razão pela qual Moisés permitiu o divórcio foi por causa da dureza dos corações, ou seja, por causa da incapacidade de perdoar (Mateus 19:3-9). Talvez o seu casamento esteja abalado. Talvez a chama do seu amor esteja bruxuleando, como uma tênue luz de vela. Talvez as decepções já sejam maiores do que o seu amor. Talvez você esteja cansado de investir e não ter nenhum retorno. Quem sabe você até mesmo tenha um casamento de aparências, viva debaixo do mesmo teto, durma na mesma cama, mas a aliança de amor já foi quebrada. Quem sabe você só esteja no barco do casamento por causa dos filhos. Ou talvez há muitos anos o sexo tenha acabado no leito conjugal. Todas as circunstâncias apontam para o fim irreversível. Tudo faz crer que não há mais esperança para o seu casamento. Mas, se Deus intervier, um milagre pode acontecer, e seu casamento será salvo.

Em 1991 estive na Missão *Kwa Sizabantu*, África do Sul, para conhecer o extraordinário avivamento ali ocorrido em 1966. Ouvi o testemunho marcante de uma mulher que coordenava o ministério de intercessão e era mãe de missionários que trabalhavam na missão. Certo dia, quando Erlo Stegen armava a sua tenda para pregar na região, ela foi à reunião e, durante a pregação, chorava copiosamente. Após o culto, Erlo a procurou para saber a razão daquele choro. Revoltada, ela contou: "O problema é o meu marido. Ele é irresponsável, beberrão e violento. Além de não trazer nada para casa para os meus filhos comerem, quando chega em casa bêbado, espanca os filhos e enxota-os para o mato". No dia seguinte, ela voltou à tenda e a história se repetiu. O pastor então lhe disse: "O problema não é só o seu marido. Se a senhora quer resolver o problema, vá para casa, compre uma bacia nova e, quando o seu marido chegar bêbado, carinhosamente, lave os seus pés com água morna". Ela a princípio relutou. Mas, movida pela fé, obedeceu. No segundo dia em que a mulher estava lavando os pés do marido, este lhe perguntou: "Mulher, o que está acontecendo com você? Você ficou louca?" Ela respondeu: "Não, eu estou indo à tenda ouvir a palavra de Deus. Foi Jesus quem me moveu a lavar os seus pés". O homem imediatamente disse: "Eu quero conhecer o seu Deus". Ele foi à tenda, ouviu a palavra de Deus, converteu-se, foi transformado e aquela família foi restaurada e salva.

Para Deus não há situação irremediável. O seu casamento também tem solução para Deus!

Deus restaurou os filhos de Jó

Também teve outros sete filhos e três filhas (Jó 42:13).

Deus não apenas restaurou o casamento de Jó, mas também abençoou-o com dez filhos. Agora

Jó tinha dez filhos no céu e dez filhos na terra. Com um pequeno detalhe: agora as três filhas de Jó (42:14) eram as moças mais bonitas da terra (42:15). Jó, revelando seu caráter justo, deu-lhes herança entre os seus irmãos (42:15).

Deus também pode restaurar os seus filhos. Eles são herança de Deus. São filhos da promessa. Você não gerou filhos para a morte. Você não gerou filhos para povoar o inferno. Você não gerou filhos para serem escravos do pecado nem para serem servos do diabo. Não desista dos seus filhos. Não abra mão da vida deles. Chore por eles, ore por eles, jejue por eles, não descanse até vê-los salvos. Nenhum sucesso compensa a perda dos filhos. Seus filhos, e não o dinheiro, são a herança de Deus em sua vida (Salmos 127:3). Lute pela salvação dos seus filhos, seja amigo dos seus filhos, aja como um sábio conselheiro para os seus filhos. Faça deles seus discípulos. Ensine-os pelo exemplo. Mostre-lhes o seu amor por Deus. Ensine-os a amar ao Senhor. Coloque o ninho deles longe dos predadores. Discipline-os com amor. Invista neles. Reserve tempo para estar com eles. Seja sensível para ouvi-los. Não deixe que a pressão da vida moderna afaste você dos seus filhos. Eles são mais importantes do que o dinheiro. Seus filhos não precisam tanto de conforto, quanto precisam de amor. Eles necessitam não de presentes, mas de presença.

Muitos pais perdem os filhos porque são rigorosos demais, colocando fardos insuportáveis nos ombros dos filhos. Outros perdem os filhos porque são frouxos demais, não estabelecendo limites. Você precisa ser amigo dos seus filhos. Seu lar precisa ser um abrigo para eles. A tempestade lá fora é perigosa. Se os filhos não encontrarem refúgio no lar, perecerão neste mundo tenebroso. Sacrifique-se pelos seus filhos. A vida deles é preciosa e exige de você grande investimento.

Eu sou filho caçula. Quando minha mãe estava no oitavo mês de gravidez, ela ficou gravemente enferma. O lugar onde ela morava era muito pobre. Não havia recursos. O farmacêutico veio de longe e examinou a minha mãe. Seu diagnóstico foi sombrio. Disse que a única chance para ela sobreviver era sacrificar a criança que estava no seu ventre. Minha mãe se recusou a sacrificar a minha vida. Disse que estava disposta a morrer com o seu filho e pelo seu filho. No auge da sua angústia, minha mãe fez um voto a Deus, prometendo consagrar a minha vida ao ministério se Deus nos poupasse a vida. Deus ouviu a oração da minha mãe. Na minha juventude, sem que minha mãe me houvesse revelado essa história, recebi o chamado de Deus, e hoje tenho a alegria de ser pastor na igreja do Senhor e pregador de sua palavra viva e eficaz.

Você está lendo este livro porque uma mulher analfabeta, mas crente no Senhor Jesus, resolveu investir na vida do seu filho e não abrir mão de um milagre do Senhor em sua história.

Deus restaurou os amigos de Jó

Mudou o SENHOR a sorte de Jó, quando este orava pelos seus amigos... (Jó 42:10).

Deus se irou contra os amigos de Jó por causa do que haviam falado (42:7). Deus ordenou que procurassem Jó para que este orasse por eles (42:8). Jó não se recusou a interceder pelos amigos, e Deus ouviu a oração de Jó em favor deles (42:9). Não apenas os amigos de Jó foram restaurados pela intercessão de Jó, mas o próprio Jó foi restaurado quando orou por eles (42:10). A oração restaura primeiro quem ora. A oração é remédio, traz cura e libertação. Quando Jó deixou seus queixumes e se pôs a orar pelos seus amigos, Deus lhe mudou a sorte. Quando Jó começou a orar, passou a conhecer melhor a Deus e a si mesmo. Isso também sucedeu a dois outros personagens da Bíblia:

1. O rei Davi estava afogado no sentimento de culpa, fugindo de Deus, acobertando o pecado no seu coração. Adoeceu esmagado sob o peso da onipotente mão de Deus. Estava murchando por dentro. Mas, quando orou, Deus mudou a sua sorte e ele reencontrou o caminho da paz e da comunhão com Deus.
2. O rei Manassés pecou gravemente contra Deus. Enveredou pelos sinuosos caminhos da idolatria, feitiçaria e astrologia, e

cometeu hediondos crimes em Jerusalém. Foi levado cativo pelos inimigos, amarrado, humilhado, destronado. Mas no fundo do poço orou, e Deus o tirou da cova, da sepultura existencial, devolveu-lhe o trono e mudou-lhe a sorte.

A oração é um poderoso meio de mudanças. Ninguém é o mesmo depois que começa a orar. A oração transforma o nosso coração e muda as circunstâncias. Ela move montanhas. Orar é invadir o impossível. É triunfar com Deus e com os homens. É aliar-se com o mais forte. É entrar no reino da fé, pisar no solo dos prodígios, viver na dimensão das maravilhas divinas. Quando você ora, o céu se move, o inferno treme, e coisas novas acontecem na terra. Por isso, precisamos colocar-nos na brecha em favor dos nossos amigos. Deus olha do céu e busca na terra intercessores (Ezequiel 22:30). Devemos colocar-nos na brecha, como Abraão orou por Sodoma, como John Knox intercedeu pela Escócia. O profeta Samuel chegou a dizer: *Longe de mim pecar contra Deus deixando de orar por vós* (1Samuel 12:23).

A oração é eficaz para abençoar as pessoas. O caminho da restauração dos amigos de Jó passou pela sua intercessão. Deus tratou com os amigos de Jó, levando-os a ser humildes, pois eles tiveram de procurar aquele a quem haviam acusado. Deus tratou com Jó, levando-o a perdoar aqueles que o acusaram. Para todos, o remédio de Deus foi a oração. Tiago diz que devemos orar uns pelos outros para sermos curados (Tiago 5:16). As relações estremecidas precisam ser restauradas pela oração. Mesmo que você tenha sido ultrajado e ferido em sua honra como aconteceu com Jó, precisa exercer o perdão e orar por aqueles que o perseguiram. O apóstolo Paulo diz que devemos abençoar, e não amaldiçoar, aqueles que nos perseguem (Romanos 12:14). Jesus disse que devemos amar os nossos inimigos e orar pelos que nos perseguem (Mateus 5:44).

Há muitas pessoas feridas no arraial de Deus. Há muitas vítimas da maledicência que estão doentes emocionalmente. Há muitos males provocados pela língua carregada de veneno. A lei de Deus proíbe o falso testemunho contra o próximo (Êxodo 20:16). O pecado que a alma de Deus mais abomina é o de semear contendas entre os irmãos (Provérbios 6:16-19).

Existem coisas de que precisamos:

- Precisamos de cura.
- Precisamos do bálsamo de Gileade.
- Precisamos tapar as brechas dos relacionamentos.
- Precisamos ser banhados por um espírito de humildade para reconhecer o nosso erro.
- Precisamos de uma atitude abnegada para perdoar os nossos ofensores.
- Precisamos remendar as redes rasgadas dos nossos relacionamentos.

- Precisamos abrir o nosso coração para orar e perdoar aqueles que nos feriram.
- Precisamos não apenas viver em paz com todos os homens (Romanos 12:18), mas ser pacificadores (Mateus 5:9).
- Precisamos buscar a reconciliação com aqueles que se afastaram de nós.

O perdão não é comum, não é simples. É fácil falar sobre perdão até ter alguém a quem perdoar. Alguém já afirmou que pagar o bem como o mal é demoníaco; pagar o bem com o bem é humano; mas pagar o mal com o bem é divino. Jesus disse que devemos perdoar até setenta vezes sete (Mateus 18:21,22). Precisamos pedir para Deus aumentar a nossa fé a fim de exercitarmos o perdão (Lucas 17:3-5). Devemos perdoar e esquecer, assim como Deus nos perdoa e se esquece de nossos pecados (Hebreus 8:12). Paulo fala que devemos perdoar do mesmo modo que Deus nos perdoou em Cristo (Efésios 4:32; Colossenses 3:13). Perdoar e esquecer não significa que nunca mais vamos lembrar o fato ocorrido, mas significa que nunca mais vamos usá-lo contra a pessoa a quem perdoamos. Significa que nunca mais vamos lançar aquele pecado no rosto da pessoa. Significa que a dívida foi quitada e que nunca mais vamos cobrá-la da pessoa. Isso é perdão! Esse é o caminho da restauração, o instrumento da reconciliação.

CONCLUSÃO

Depois de observar a história de Jó e aprender com ele, deixamos algumas lições práticas em destaque:

1. AS CRISES SURGEM EM NOSSA VIDA INESPERADAMENTE

Não havia nuvens densas no horizonte da vida de Jó. Nenhum sinal de alerta. De repente a tragédia desabou sobre a sua vida e sobre a sua família. A crise não manda telegrama avisando a sua chegada. Muitas vezes, ela nos colhe de surpresa.

2. SATANÁS ESTÁ SEMPRE ESPREITANDO E RONDANDO A NOSSA FAMÍLIA

Ele é ladrão, assassino, acusador, devorador, mentiroso. Está sempre procurando uma brecha para colocar a sua cunha. Está sempre à cata de uma oportunidade para afligir a família. Precisamos estar alerta. Precisamos orar e vigiar. Precisamos ser revestidos de toda a armadura de Deus e revestir-nos do poder do Senhor.

3. A AÇÃO DE SATANÁS É LIMITADA POR DEUS

Às vezes, Satanás age em nossa vida e família, porque damos brecha, porque abrimos o flanco. Outras vezes, Deus permite isso para nos provar e nos fortalecer ainda mais na fé. Mas Satanás estará sempre no cabresto de Deus, sob a autoridade de Deus. Ele não pode ir além daquilo que Deus lhe permite (1:12; 2:6).

4. DEUS É SOBERANO E PODEROSO PARA TRANSFORMAR AS TRAGÉDIAS EM BÊNÇÃOS

A última palavra é de Deus. A vitória é do Senhor. A guerra não era entre Satanás e Jó, mas entre Satanás e Deus. Deus sempre é vencedor. Ele é o campeão invicto em todas as batalhas. Por isso, quem está com o Senhor é mais do que vencedor. O sofrimento de Jó não tinha por intuito provar nada a Deus nem a Satanás. Mas serviu para provar que os filhos de Deus são sempre vencedores e fiéis. Mesmo que agora você não esteja vendo um cenário de vitória, creia pela fé que a vitória é sua. Não importa os perigos da jornada, você chegará salvo e seguro. Deus não lhe promete ausência de luta, mas certeza de vitória. Deus não lhe promete caminhada fácil, mas chegada certa. A vida triunfará sobre a morte. A justiça triunfará sobre a injustiça. A verdade triunfará sobre a mentira.

Você já conhece por antecipação o seu fim. Você já entra em campo com a faixa de campeão no peito. Deus segura você pela mão, guia você com o seu conselho eterno e depois o recebe na glória. Levante a cabeça. Olhe para o Senhor. Continue crendo, e você verá a glória de Deus. Mesmo que você esteja sofrendo uma goleada, o jogo ainda não acabou. O placar ainda não está definido. Você é vencedor.

Em 1900, duas universidades americanas disputavam a final de um campeonato. De um lado estava o melhor jogador de futebol dos Estados Unidos. Ele era a esperança de gols e a convicção do troféu de campeão do seu time. O estádio estava lotado, com muitas bandeiras sendo drapejadas. Os dois times entraram em campo sob o aplauso ruidoso das duas torcidas. O melhor jogador, aquele em quem havia sido depositada a maior esperança, jogou mal, fez um gol contra e saiu vaiado e cabisbaixo no final do primeiro tempo. Desceu para o vestiário arrasado, envergonhado e cheio de desesperança. As lágrimas rolavam em seu rosto. O treinador passou a mão em sua cabeça e lhe disse: "Coragem! O jogo não acabou. Nós vamos vencer. Volte a campo e lute, e vença!" O jogador voltou. Jogou como nunca em sua vida. Virou o placar. Ganhou o jogo e o campeonato. Saiu de campo como herói, aplaudido efusivamente.

Pode parecer que agora Satanás está levando vantagem sobre você e impondo a você uma goleada. Mas o jogo não acabou. Você vencerá. Sua família vencerá. Entre em campo, em nome de Jesus, e tome de volta tudo aquilo que o inimigo saqueou da sua vida. Hoje é tempo de restauração para a sua vida e para a sua família!

Sua opinião é importante para nós.
Por gentileza, envie-nos seus comentários pelo e-mail:

editorial@hagnos.com.br

Visite nosso site:

www.hagnos.com.br